中文聖經字辭音義助讀

邢 祖 援 編 著

文史哲出版社印行

中文聖經字辭音義助讀 / 邢祖援編著. -- 初版. --
臺北市:文史哲, 民 90
面 ; 公分
ISBN 957-549-387-7 (平裝)

1.

241.016

中文聖經字辭音義助讀

編 著 者：邢　　　　祖　　　　援
出 版 者：文　史　哲　出　版　社
登記證字號：行政院新聞局版臺業字五三三七號
發 行 人：彭　　　　正　　　　雄
發 行 所：文　史　哲　出　版　社
印 刷 者：文　史　哲　出　版　社
臺北市羅斯福路一段七十二巷四號
郵政劃撥帳號：一六一八〇一七五
電話 886-2-23511028・傳真 886-2-23965656
實價新臺幣　一二〇元
中　華　民　國　九　十　年　九　月　初　版

ISBN 957-549-387-7

序　言

　　余已年逾八旬，然信主得救甫逾十載。每日讀經、定期
參加聚會交通主道，渥蒙聖靈灌溉，獲益良多。惟仍感主道
奧秘，而資質愚魯，難盡理解與記憶。

　　余數讀聖經現行中文通用譯本全文，深感百讀不厭，中
文譯本確具信、雅、達三條件。偶與英文本對照，更徵中文
譯本文詞之表達，不僅已臻於信實、通達之境地，即純就文
學觀點而言，亦屬絕好文學作品。如深加體會，即屬譯者具
有高水準之文學素養，如無獲得聖靈之感召與助力，恐絕難
將聖經中文譯成如此奇妙；試查若干英漢辭典中，有涉及經
文之字句如加以直譯，甚至全失本義，實難與中文本聖經譯
文相比擬。

　　綜觀現行通用中文聖經本，可以判知譯者不僅對神學具
有湛深之素養，即對文學、史學、科學亦具有相當水準。其
翻譯之際為能使當時國人與社會能以適應，良亦煞費苦心。
部分用辭遣字均係引用我國經史古典，即文學方面亦常引用
古字、避免俗字。若以現代一般國人而言，可能對部分引用
之古典字辭，或感艱深難解者。至於讀音方面，難免有未盡
辨識、含糊而過者；亦有因方言關係，讀音未盡正確者；更

有某字視之確爲通俗。然若加深究，則音、義均有導正之必要；甚至以訛傳訛，因字害義，囫圇吞棗，影響及於他人。

須知主道宏遠、聖經奧秘自非人人均可領悟其眞諦。然如純屬中文聖經之文字部分，其辭、字、音、義之認知與瞭解，自亦爲國人讀經之基本條件。吾人若稍加查證，或可迎刃而解；至於聖經之哲理部分，當屬另一高層次問題。易言之，如先認識瞭解文字部分的音義，當有助於對聖經哲理部分的領悟與認知。

已知英文聖經曾有數種版本之辭典問世，其內容頗爲詳盡，不僅對於聖經中之專有名辭、人名、地名等加以詳盡之解釋，甚至對涉及基督教義之相關名辭，亦均列入。如英國海丁氏（James Hastings M.A.D.D）所著英文版「聖經辭典」（Dictionay of the Bible）。亦有中文本「聖經辭典」一書，經詳加研閱，此乃完全依據前述海丁氏原著英文版「聖經辭典」翻譯成爲中文者，並將英文本按A、B、C、D……字母之排列方式，改編爲以中文字典習用以部首排列方式。

此一中文聖經辭典之編譯亦頗不易，據載參與編譯者近四十人，其中多爲當時英、美在華之著名傳教士，包括司徒雷敦博士在內，亦有少數國人參加，費時達三年之久。因其時中文聖經係用文言本，故此辭典亦用文言文。初版係於一九一六年元月在上海市出版；一九九六年元月由歸主出版社在臺灣重印初版（十四刷），故其全名即爲「中文海丁氏聖經辭典」（「Chinese Hastings」Dictionaty of The Bible）。

此書編者距今雖已有八十餘年，然聖經乃顛撲不破之眞理，故自今仍爲閱讀英文聖經之重要工具書。

中華文化有悠久之歷史，文字與用辭亦有特殊結構與淵源，目前普遍應用之語體文中文聖經，亦係數十年前所編譯，譯者爲力求表達聖經之原義，並配合當時中國文化之狀況，仍有引經據典，甚至選用古字，避免俗字，以求文詞之高尙典雅者。然時至今日，社會與文化演變甚速，各人對中國文學之素養亦不盡相合。因此，如純就中文聖經中對中文字辭音義之認識與瞭解而言，亦因程度與背景大有差異。此一難題卻非能藉「英文聖經辭典」或「中文海丁氏聖經辭典」之完全可以解決者。

近年以來，余每於讀經之際，遇有費解或讀音存疑之中文字辭，即隨手查證典籍，予以記載，以免含糊而過。先後計登錄六百餘條，經加以整理編輯成冊。思及主內弟兄姊妹於閱讀聖經之時或有相同感受，爰彙編付梓，以供參考。

於編輯之餘，始發覺此一以中文聖經爲主，對其中中文字辭音義之注釋，涉及文字學、聲韻學、目錄學、社會及自然科學，以及若干中國經史古籍，洵非易事。筆者不敏，幸沐神恩，蒙賜信心與力量，前後查證、修訂、編目等不下十餘次，終於完成初稿，倉促付梓、疏漏難免，仍祈讀者與先進惠賜教益，以匡不逮。

邢祖援　於臺北市2000年1月1日

編輯說明

一、本書所選字辭，僅依筆者個人認爲有闡釋必要者，予以選列，可能尚有甚多掛漏，如有增訂機會，尚待繼續補充。

二、本書先後順序，以聖經篇章之先後順序爲基本原則，先發現者先列，以後篇章出現者不再重複。惟仍間有前面漏列，以後始行補列者。

三、爲便於檢字，特將聖經每篇予以編號，如自創世紀起自啓示錄，予以0100～6600之編號；至於每篇內之字辭，則賦與01～99之編號。即每一字之編號合爲四位數字。如「二」字編爲1701，即在「以斯帖記」（編號1700）中所發現之第一個字（01），命爲1701，以利查閱，並免重複。

四、另以筆劃多寡順序，編一「檢字」。無論在聖經任何一處發現疑難之字時，可先依筆劃多寡，查出其字。再依該字賦與之號碼，查出該字之注音與解釋，同時亦將章節於文後括弧內注明。

五、如發現之字辭，在章內的小標題上，通常即以標題之首節數字加以注明。

六、所有意義注釋，均係依據數種中文字（辭）典查考而來，
　　至於字音則依國語用注音符號註記，並加註同音字說明，
　　當非杜撰。然亦有遍查手頭典籍，仍無法覓得者，個人
　　學力未逮，良感愧疚。

中文聖經字辭音義助讀

目　次

檢 字

二 劃

1701 1702　二豎、4019 4020　丁稅、4021 4022　人子

三 劃

0709 0710　士師、1502 1503　上本、1813 1814　上腔、
2361 2362　女牆　4023 4024　上稅

四 劃

0407 0408　月朔、0521　乏、0710　仆、1404　屯、1816
1817　木狗、2318　丕、2338　扎、2413　丹、4403 4404
方伯

五 劃

0111　叨、1119　平、0219　卯、0801　叱、1806 1807
北斗、1824　互、2346　斥、2407　甩、6707 6708 6709
他連得

六 劃

0122 0123　牝牡、0140　圭、0210汛、0211妄、0220　杆、
0326 0327　守宮、0413　白、0609圯、1001　艮、1113
妃、1608　夙、1611　打、1843　扔、2307 2308　玎璫、
2350 2351　戍樓、2803 2804　地業、4017 4018　巡撫、

6719 6720　伊法

七　劃

0109　肘、0230 0231　沈香、0245　枚、0306 0307　沙番、0708 0709　邑宰、1104　坎、1202　坍、1601　扣、1819　劬、1834　刨、1910 1911　沒藥、1917 1918　坑坎、1938　庇、2002 2003　囹圄、2313 2314　甸訇、2324　忒、2418　阱、2424 2425　杜松、4202 4203　把柄、4208　忤

八　劃

0101 0102　荊棘、0106 0107　咒詛、0208 0209　芫荽、0226 0227　虎口、0242　門、0303　軋、0346　邱、0404 0405　阿門、0423　咒、0519　佯、0522 0523　法碼、0534　咂、0536 0537　穹蒼、0916 0917　牧伯、1301　陀、1406　泛、1606 1607　門扇、1934　昂、2004 2005　乖僻、2010　戾、2023　杵、2325 2326　咆哮、2329 2330　刺蝟、2339 2340 2341　拉哈伯、2344　枕、2601　芰、2605　沸、4001 4002 4003 4004　拉加、摩利、4009　芥、4014 4015 4016　和散那、4405 4406　佳澳、6701 6702 6703　度量衡、6710 6711 6712　舍客勒、6715　竿、6723　欣

九　劃

0115　虹、0135 0136　晌午、0202 0203　苦菜、0334　疥、0407　玷、0424　恒、0502　毘、0537 0538　冢子、

0704　0705　枳棘、0903　弅、0904　逈、0906　契、

0908　0909　虵蚤、1116　哄、1121　冐、1504　奏、1615

垣、1704　挂、1808　1809　昂參、1815　徇、1821　矜、

1849　1850　挓沙、1903　恤、1932　拴、2008　眈、2101

圁、2337　泏、2347　恃、2354　柞、2426　殀、2607

咷、2805　狗、3303　祚、4701　昧

十　劃

0108　揶、0118　珥、0126　0127　酒政、0243　梁、0247

0248　0249　0250　烏陵、土明、0426　釘、0426　倭、

0518　悖、0527　0528　茵蒢、0535　㐬、0703　笏、0902

釜、1205　1206　家宰　1308　耙、1407　耆、1618

1619　宰官、1812　亞、1818　涸、1820　索、1825　虔、

1912　秤、1926　挨、2021　桅、2206　2207　哪嗻、2327

2328　豺狼、2332　2333　秧子、2343　舀、2353　砧、

2359　格、2331　梏、2355　2356　秦國、2404　2405　班

鳩、2414　悛、2419　剜、2501　尳、2608　陡、2801

素、4206　疿

十一劃

0121　軛、0330　捫、0336　涮、0346　疵、0504　梗、

0507　粘、0529　鹵、0603　喇、0712　哀、1201　兜、

1310　晜、1311　膏、1409　貶、1610　掠、1613　1614

悉反、1802　梭、1810　1811　密宮、1916　翎、1933　犁、

2034　婪、2204　哇、2205　旌、2309　釦、2334　掄、

2401　梗、2415　掐、2417　飫、2420　匭、2612　2613
庶民、2702　眷、2901　2902　剪蟲、4601　罜、6601　戛、
6722　6723　細阿

十二劃

0110　敞、0213　堨、0216　酢、0223　晁、0232　嵌、
0240　棚、0246　琢、0339　矬、0425　奠、0511　傔、
0910　惶、0911　詈、1306　1307　琴瑟、1405　筏、1602
1603　善工、1616　捏、1924　葩、2011　崽、2203　華
2301　喈、2357　甦、4012　揪、4401　硝、6713　掌、
6714　捻、6717　6718　6719　賀梅耳

十三劃

0124　疎、0204　0205　嗎哪、0414　0415　窟窿、0237
縠、0238　罩、0301　嗉、0305　愸、0320　蜓、0331
瘃、0347　詫、0422　餂、0501　睚、0505　詛、0506
詣、0517　塌、0520　當、0531　裔、0602　稭、0901
鼎、1119　嫠、1207　鉈、1305　鈸、1403　貲、1604
噠、1609　跐、1612　嗟、1617　賄、1621　掣、1827
搗、1831　1832　當頭、1845　雹、1847　詰、1848　煖、
1902　腮、1909　詭、1931　剿、1939　陟、2006　麀
2009　擄、2321　賃、2322　椆、2323　搆、2336　跰、
2348　搤、2349　嗇、2352　暍、2358　旒、2410　2411
酪酊、2416　靖、2421　惹、2422　2423　雇勇、2603
2604　渣滓、3001　戢、3201　3202　蓖麻、3301　3302

綏安 4203 塋、4402 跥

十四劃

0103 0104 蕨藜、0139 駃、0244 斡、0322 0323 蜥蜴、0333 窪、0335 堭、0406 絡、0418 綴 0514 兢、0525 綽、0526 誚、0907 愬、1115 誆、1120 踴、1302 1303 駝來、1803 榻、1805 槁、1905 1906 1907 嗒略咶、1908 遘、1928 肇、2014 2015 碌磚、2201 橡、2402 閡、2408 誥、2904 慟、4006 僭、4007 稗、4205 窨、4227 嘗、6704 幣

十五劃

0113 0114 稼穡、0120 餧、0125 毅、0134 樞、0217 夥、0221 撚、0408 蓏、0414 瘠、0419 墜、0503 熿、0504 憎、0532 撇、0606 輥、0912 0913 輜重、1003 趟、1005 踐、1106 輞、1208 數、1705 賙、1804 噎、1823 磐、1826 蝮、1904 儆、1914 蝸、1915 颲、1919 1920 機檻、1922 1923 曼子、1927 僻、2016 2017 輥軋、2027 箴、2312 嘮、2315 2316 2317 撒拉弗、2360 羮、2412 撻、2602 鞊、2701 賚、2903 蛹

十六劃

0112 燔、0117 甌、0128 0129 膳長、0137 0138 錯縫、0222 橛、0235 霎、0239 豎、0313 鷗、0319 踳、0342 禧、0412 縛、0415 擅、0508 廨、0512

癇、0530　攎、0604　竄、0605　縋、0707　踹、0711

邁、0905　豫、1101　覷、1102　鞠、1107　輻、1108

轂、1309　篩、1410　1411　諮輯、1501　輭、1620　鍸、

1622　擔、1836　霈、1844　鴕、1929　1930　螞蚱、1935

1936　1937　樹栽子、2025　2026　螞蟥、2303　橡、2319

2320　蒼蠅、2427　麇、2502　磣、2609　2610　蕀子、

2614　踩

十七劃

0105　燄、0116　篾、0216　酢、0218　樺、0224　擰、

0229　灌、0236　鍼、0241　蓬、0311　鴰、0324　0325

龍子、0402　爵、0403　鍤、0509　麇、0510　豁、0533

瞳、0601　濟、1105　檐、1118　篡、1203　1204　擄掠、

1505　1506　總督、1828　1829　糠秕、1833　爵、1901

褻、1940　鞠、2007　歙、2310　膡、2335　黝、2606

薪、2611　磴、4005　儥、4008　薅、4204　擘、4301

4302　4303　彌塞亞、6501　礁、6705　6706　彌那

十八劃

0201　撢、0238　鎧、0302　鰲、0320　鮋、0321　鮑、

0328　螳、0411　簡、0515　0516　蹭蹬、0607　鎗、1002

甕、1105　檐、1112　鑀、1114　嬪、1304　謳、1830

謬、1913　瞶、1925　雛、2012　2015　瞻徇、2342　題、

2403　闖

十九劃

0206 0207 鵪鶉、0234 犢、0308 鵬、0314 鷓、0332 癢、0344 鰲、0416 0417 繼子、1401 1402 犧牲、1605 藐、1822 鐯、1846 蹲、2001 譬、2018 簸、2406 鏇、4013 蠔

二十劃

0130 0131 蘆荻、0315 鶘、0341 騙、0338 孽、0706 飄、0914 0915 鷀鴣、1408 蝎、1412 鏡、1837 1838 1839 羅騰樹、1842 齔、1921 攙、2019 朧、2311 鑿、6724 6725 羅革

二十一劃

0212 顫、1103 櫱、1109 1110 瓔珞、2020 魘

二十二劃

0133 穬、0233 鑄、0304 蘸、0309 鷭、1117 孿、1835 驚、1840 孌、2302 纏、2304 瓤

二十三劃

1703 驛、1801 蠱、2409 蠣、2802 躓、4019 4020 髑髏

二十四劃

2317 2318 鷥鷺

二十五劃

0132 穲、0310 鷹、0343 齇、1005 讒、2202 躦、2305 2306 觀兆、2345 籬

二十六劃

中文聖經字辭音義助讀

0100　創世紀

0101 0102　荊棘（ㄐㄧㄥ ㄐㄧ）「棘」音如「吉」，多棘（刺）性灌木（三～18）。

0103 0104　蒺藜（ㄐㄧ ㄌㄧ）「蒺」音如「吉」，一年一生草木，果實有四刺，可入藥（三～18）。

0105　燄（ㄧㄢˋ）同「焰」，音如「燕」，火所發出來的紅光（三～24）。

0106 0107　咒詛（ㄓㄡˋ ㄗㄨˇ）「咒」同「呪」，音如「宙祖」，罵人不祥的話語（四～11）。

0108　挪（ㄋㄨㄛˊ）音如「娜」，此處是人名譯音；挪動，挪威（五～29）。

0109　肘（ㄓㄡˇ）音如「帚」，臂部中曲處稱「肘」；此處為量度約合50公分（六～15）。

0110　敞（ㄔㄤˇ）音如「場」，寬敞，敞開（七～11）。

0111　叼（ㄉㄠ）音如「刀」，用嘴含咬住食物或物件，亦有乘人不備而叼走了之意（八～11）。

0112　燔（ㄈㄢˊ）音如「凡」，燔肉即經過燒、炙後的祭肉。此種儀式稱為「燔祭」（八～20）。

0113 0114 稼穡（ㄐㄧㄚˋ ㄙㄜˋ）音如「架色」，指農事種穀和收成，或泛指一般農事（八～22）。

0115 虹（ㄏㄨㄥˊ）音如「紅」，陽光和空氣中的水相映，反射而形成的弧形彩暈，有赤、橙、黃、綠、青、藍、紫七色彩（九～16）。

0116 篾（ㄇㄧㄝˋ）音如「滅」，竹劈成的薄片；此處為人名譯音（十～2）。

0117 甎（ㄓㄨㄢ）音如「專」，同「磚」。即磚頭，係黏土燒成長方形建材（十一～3）。

0118 珥（ㄦˇ）音如「耳」，耳環；此處是地名譯音（十一～31）。

0119 平（ㄆㄧㄥ）同「秤」（ㄆㄧㄥ）、天平，此處當動詞「秤」（ㄔㄥˋ）的意思（二三～16）。

0120 餧（ㄨㄟ）音如「味」，同「餵」，餵食（二四～32）。

0121 軛（ㄜˋ）音如「厄」，車衡兩端半圓拱形曲木，扼住馬頭頸項（二七～40）。

0122 0123 牝牡（ㄆㄧㄣˋ ㄇㄨˇ）音如「聘母」，「牝」雄性禽獸；「牡」雌性禽獸（三十～38）。

0124 疎（ㄕㄨ）音如「書」，同「疏」，疏通；此處是地名的譯音（三三～17）。

0125 戮（ㄌㄨˋ）音如「碌」，殺戮、侮辱、戮力（三四～1標題）。

0126 0127 酒政（ㄐㄧㄡˇ ㄓㄥˋ）過去官庭中管理酒的官員，職雖微而責頗重，因朝夕侍王左右，議論國政均可聽聞，

既爲王的耳目，又可辨察忠奸（四十～1標題）。

0128 0129　膳長（ㄕㄢ ㄓㄤˇ）過去官庭中管理御廚的官員（四十～1標題）。

0130 0131　蘆荻（ㄌㄨˊ ㄉㄧˊ）「荻」音如「狄」，「蘆」是蘆葦，「荻」是蘆類的水草（四一～2）。

0132　糶（ㄊㄧㄠˋ）音如「跳」，賣出穀類之意（四一～56）。

0133　糴（ㄉㄧˊ）音如「笛」，買進穀類之意（四二～2）。

0134　榧（ㄈㄟˇ）音如「匪」，榧樹的果子，形如橄欖，炒熟可吃（四三～11）。

0135 0136　晌午（ㄕㄤˇ ㄨˇ）「晌」音如「賞」，即中午之時（四三～16）。

0137 0138　錯縫（ㄘㄨㄛˋ ㄈㄥ）「縫」此處讀如「奉」，指未注意的空隙（四三～18）。

0139　馱（ㄊㄨㄛˊ）音如「駝」，指牲口背負物品（四五～17）。

0140　圭（ㄍㄨㄟ）音如「規」，上尖下方的玉，古代遇有大典時，大臣舉圭在胸前，以示尊敬（四九～10）。

0200　出埃及記

0201　攆（ㄋㄧㄢˇ）音如「捻」，驅逐，趕走（十～11）。

0202 0203　苦菜（ㄎㄨˇ ㄘㄞˋ）猶太人每逢逾越節必食苦菜，以紀念其在埃及所受之苦（十二～8）。

0204　0205　嗎哪（˙ㄇㄚ　ㄋㄚˊ）（Manna）音如「嘛那」，按希伯來原文即有「爲何」之意（不識何物）；或有「賞賜」之意。其色白形如小雪片，亦似芫荽仁，色如珍珠、味如蜜餅，可煮可炙，可擣作餅。每晨天降，各取所需，日出即消，隔日即生惡臭。認爲其具有靈異者有四：㈠可供六十萬壯丁食用；㈡多取無餘，少取無乏，隨其所需；㈢隔宿則壞，六日所採，安息日不缺；㈣如儲於耶和華法櫃中以爲獻祭者，則歷久不壞（十六～13）。

0206　0207　鵪鶉（ㄢ　ㄔㄨㄣˊ）音如「安唇」，「鵪」與「鶉」是同類二種鳥，合稱「鵪鶉」。鶉鳥頭小尾脫，羽毛有暗色條紋，雜黑白色斑點、性好鬥；鵪鳥羽毛上無斑點（十六～13標題）。

0208　0209　芫荽（ㄩㄢ　ㄙㄨㄟ）音如「完綏」，又稱「香菜」或「胡荽」，蔬菜類植物，有香氣，多用爲佐料（十六～31）。

0210　汛（ㄒㄩㄣ）音如「訓」，駐防的兵營處稱「汛」；又作季節性河水暴漲講，如「秋汛」；亦作「訊」的假借；此間是地名的譯音（十七～1）。

另「汛」字（ㄈㄢ）通「泛」，可參閱1406條，與前字音義均不同。

0211　妄（ㄨㄤ）音如「望」，荒謬、狂妄無知、非分之想（二十～7）。

0212　顫（ㄓㄢ）音如「暫」，因寒冷、驚慌等引起身體發抖之

狀態；又如讀為「ㄔㄢ」則指物體振動而言（二十～18）。

0213　堦（ㄐㄧㄝ）同「階」，如臺堦、石堦（二十～26）。

0214　0215　窟窿（ㄎㄨ　ㄌㄨㄥ）「窟」讀如「哭」，指洞穴（二二～2）。

0216　酢（ㄓㄚ）音如「炸」，製酒過程中壓搾的器具；酬酢；酢亦作醋講（二二～29）。

0217　夥（ㄏㄨㄛ）音如「火」，夥同、夥計（二三～1）。

0218　榫（ㄙㄨㄣ）音如「筍」，木器凹凸的接頭，榫頭（二六～16）。

0219　卯（ㄇㄠ）音如「茆」，兩器接頭，凸（ㄊㄨ）起者叫「榫頭」；凹（ㄠ）進去的部分叫「卯眼」（二六～19）。

0220　杆（ㄍㄢ）音如「桿」，直條的木稱杆，如欄杆、旗杆（二七～17）。

0221　撚（ㄋㄧㄢ）音如「捻」，以手撫物，如撚線、撚鬚（二七～18）。

0222　橛（ㄐㄩㄝ）音如「抉」，小木樁（二七～19）。

0223　冕（ㄇㄧㄢ）音如「免」，古時大夫的禮冠稱為冕旒（音流）（二八～4）。

0224　擰（ㄋㄧㄥ）音如「佞」，用力絞旋轉動使其束緊（二八～14）。

0225　鑲（ㄒㄧㄤ）音如「香」，將東西鑲入，或配置在邊緣，如鑲牙（二八～17）。

0226　0227　虎口（ㄏㄨ　ㄎㄡ）大姆指與食指楂開的距離（約

十公分），其位置中間稱為虎口（二八～16）。

0228　鎧（ㄎㄞ）音如「凱」，戰士護身鐵（銅）甲（二八～32）。

0229　濯（ㄓㄨㄛ）音如「卓」，洗滌（三十～１７）。

0230 231　沈香（ㄔㄣ ㄒㄧㄤ）即係一種香料，用沈香木漿熬成為香膏（三十～23）。

0232　嵌（ㄎㄢ ㄑㄧㄢ ㄑㄧㄢ）音如「看」、「簽」或「欠」，將東西填進空隙，如嵌寶石（三一～5）。

0233　鑄（ㄓㄨ）音如「助」，將金屬溶化後倒入模中成型，（三二～4）。

0234　犢（ㄉㄨ）音如「毒」，小牛（三二～4）。

0235　霎（ㄕㄚ）音如「煞」，極短的時間如一霎時；小雨（三三～5）。

0236　鍼（ㄓㄣ）同「針」（三二～22）。

0237　彀（ㄍㄡ）同「夠」，足夠充分之意（三六～7）。

0238　罩（ㄓㄠ）音如「照」，遮蓋物（三六～18）。

0239　豎（ㄕㄨ）音如「樹」，同「豎」，植立、直的（三六～20）。

0240　棚（ㄆㄥ）音如「朋」，遮蔽風雨的木架（三六～14）。

0241　篷（ㄆㄥ）另字「篷」字，與「棚」音同義不同，此字係指車船上的風篷、雨篷或帆，以往多用木片搭成，現時多用帆布或金屬製造，特併列於此。

0242　閂（ㄕㄨㄢ）音如「拴」，門閂（三六～31）。

0243　梁（ㄌㄧㄤ）同「樑」，屋上主幹之橫木（三七～12）。

0244　榦（ㄍㄢˋ）音如「幹」，枝榦；楨榦。比喻喻賢才（三七
～17）。

0245　杈（ㄔㄚ）音如「岔」，分岔的樹枝（三七～18）。

0246　琢（ㄓㄨㄛˊ）音如「卓」，「玉不琢不成器」（三九～6）。

0247　0248　0249　0250　烏陵、土明（ㄨ　ㄌㄧㄥˊ　ㄊㄨˇ
ㄇㄧㄥˊ）（Urim Thummim）係希伯來語譯音。其意指
烏陵是光輝；土明是無玷。喻以光明與黑暗；生命與死亡。
詳言之，具有三意：㈠掣籤時占問某事以判吉凶；㈢遇難
解之事即以掣籤來解析其事（二八～30）。

0300　利未記

0301　嗉（ㄙㄨˋ）音如「素」，鳥類留存食物的器官（一～16）。

0302　鏊（ㄠˊ）音如「熬」，烙餅用的平底鐵鍋（二～5）。

0303　軋（ㄍㄚˊ　ㄧㄚˋ）音如「嘎」或「壓」，輾壓之意（二～
14）。

0304　蘸（ㄓㄢˋ）音如「站」，將東西或食物沾水或其他液體以
及粉類（四～6）。

0305　愆（ㄑㄧㄢ）音如「牽」，罪、過失、差錯（五～1標題）。

0306　0307　沙番（ㄙㄚ　ㄈㄢ）小野獸，似兔而耳異。兔耳
大而尖；沙番則耳小。其色灰，背毛稍深，腹毛稍短，尾
與足均短，前蹄三趾，後蹄四趾，上唇缺分爲二（十一～5）。

0308　鵰（ㄉㄧㄠ）音如「刁」，猛禽，力強（十一～13）。

0309　鷂（ㄧㄠ）音如「燿」，猛禽，形似鷹（十一～14）。

0310　鷹（ㄧㄥ）音如「英」，猛禽類（十一～14）。

0311　鴞（ㄒㄧㄠ）音如「消」，猛禽類，性溫易馴（十一～17）。

0312　鸕（ㄌㄨ）音如「盧」，游禽類（十一～17）。

0313　鴟（ㄔ）音如「吃」，即貓頭鷹（十一～18）。

0314　鵜（ㄊㄧ）音如「啼」，水鳥，能捕魚（十一～18）。

0315　鶘（ㄏㄨ）音如「胡」，水鳥，能捕魚（十一～18）。

0316　鸛（ㄍㄨㄢ）音如「灌」，游禽類，似鶴，常棲於池沼（十一～19）。

0317 0318　鷺鷥（ㄌㄨ ㄙ）音如「路絲」，水鳥，能捕魚（十一～19）。

0319　蹦（ㄅㄥ）同「蹦」，跳的一類，通常兩腿併攏跳動稱「蹦」（十一～21）。

0320　鼬（ㄧㄡ）音如「又」，食肉鼠類，俗稱黃鼠狼（十一～29）。

0321　鼫（ㄕ）音如「石」，鼠之一種，似兔，食農作物（十一～29）。

0322 0323　蜥蜴（ㄒㄧ ㄧ）音如「析亦」，爬蟲類，扁頭、四腳，亦稱四腳蛇（十一～29）。

0324 0325　龍子（ㄋㄨㄥ ㄗ）蜥蜴之異名，亦稱爲石龍子（十一～30）。

0326 0327　守宮（ㄕㄡˇ ㄍㄨㄥ）即壁虎，又稱蝎虎子（十一～30）。

0328　蝘（一ㄢˇ）音如「掩」，蟬類（十一～30）。

0329　蜓（ㄊㄧㄥˊ）音如「廷」，即蜻蜓（十一～30）。

0330　捫（ㄇㄣˊ）音如「門」，撫摸，如「捫心自問」（十一～39標題）。

0331　瘀（ㄩ）音如「迂」，血滯不通（十三～10）。

0332　癤（ㄐㄧㄝ）音如「接」，瘡癤，小瘡；木材的疤痕亦稱癤（十三～10）。

0333　窪（ㄨㄚ）音如「蛙」，低下之處（十三～20）。

0334　疥（ㄐㄧㄝ）音如「介」是一種易傳染的皮膚病、疥瘡（十三～30）。

0335　墁（ㄇㄢˋ）音如「曼」，用石灰土粉刷牆壁（十四～42）。

0336　涮（ㄕㄨㄢˋ）音如「問」的去聲，將生的食物放在沸水的鍋中燙食（十五～11）。

0337　鬮（ㄐㄧㄡ）音如「糾」，拈（ㄋㄧㄢˇ）鬮，抽鬮、抽簽之意（十六～8）。

0338　孽（ㄋㄧㄝˋ）音如「聶」，罪行，作孽（十六～22）。

0339　矬（ㄘㄨㄛˊ）音如「挫」，又矮又醜之意（二一～20）。

0340　疵（ㄘ）音如「雌」，毛病，缺點（二二～17標題）。

0341　騸（ㄕㄢˋ）音如「善」，割去雄性禽獸的睪丸，使其不能生育（二二～24）。

0342　禧（ㄒㄧ ㄒㄧˇ）音如「喜」，大吉大利之年稱爲禧年（

二五～10）。

0343　鬻（ㄩˋ）音如「寓」，賣，如「鬻文爲生」、「賣官鬻爵」（二五～39標題）。

0344　鏨（ㄗㄢˋ）音如「暫」，雕刻（二六～1）。

0345　癟（ㄅㄧˇㄝ）音如「別」的上聲，乾瘦（二六～16）。

0346　邱（ㄑㄧㄡ）音如「丘」，小土山，較高之地（二六～30）。

0347　詫（ㄔㄚˋ）音如「岔」，誇張、驚異、意外之感（二六～32）。

0400　民數記

0401　纛（ㄉㄨˊ ㄉㄠˋ）音如「毒」或「到」，大旗（一～52）。

0402　爵（ㄐㄩㄝˊ）音如「抉」，古時祭示的杯子（四～7）。

0403　鍤（ㄔㄚˊ）音如「茶」，長針、長鐵簽（四～15）。

0404　0405　阿門（ㄚˋ ㄇㄣˊ）（Amen）希伯來原文，即「我心所願」、「心悅誠服」、「實實在在」等意（五～22）。

0406　綹（ㄌㄧㄡˇ）音如「柳」，束髮或鬚的長條絲線，十根爲一綸，十綸爲一綹（六～5）。

0407　玷（ㄉㄧㄢ）音如「顛」，白玉上的污點，如「白圭之玷」（六～12）。

0408　蔑（ㄇㄧㄝˋ）音如「滅」，輕視；此處乃人名譯音（一〇

～19）。

0409　0410　月朔（ㄩㄝ　ㄕㄨㄛ）「朔」音如「數」，農曆每月初一稱「朔」，十五稱「望」；以色列古時所用曆年與我國農曆相似（十一～10）。

0411　簡（ㄐㄧㄢ）音如「柬」，原爲古時寫字用的竹板，此處當選派的意思講，我國文官亦有簡任、荐任、委任的區分（十一～16）。

0412　縛（ㄈㄨ）音如「福」，捆綁（十三～14）。

0413　臼（ㄐㄧㄡ）音如「舅」，搗米的石盆；此處爲人名譯音（十三～15）。

0414　瘠（ㄐㄧ）音如「脊」，瘦弱不肥的土地；貧瘠（十三～20）。

0415　擅（ㄕㄢ）音如「善」，獨斷專行；專長（十四～44）。

0416　0417　繸子（ㄙㄨㄟ　•ㄗ）「繸」音如「遂」，縫綴在布邊上的絲索，以增加其美觀（十五～38）。

0418　綴（ㄓㄨㄟ）音如「墜」，點綴；連結（十五～37）。

0419　墜（ㄓㄨㄟ）音如「綴」，落下；另字「墮」（ㄉㄨㄛ）亦係下落之意（十六～30）。

0420　釘（ㄉㄧㄥ　ㄉㄧㄥ）音如「定」（動詞）或「丁」（名詞），此處作動詞用，打入尖銳物固定，或用針縫釘布；名詞則如鐵釘、鋼釘等（十五～38）。

0421　讟（ㄉㄨ）音如「獨」，毀謗、怨恨之意（二一～5）。

0422　餂（ㄊㄧㄢ）同「舔」，用舌與物接觸並舔動（二二～4）。

0423　兕（ㄙˋ）音如「寺」，即野牛，體格最大之牛，即雌性犀牛，皮堅靭，肥大兇猛，兩角銳利善鬥，搏擊不易（二三～22）。

0424　恒（ㄏㄥˊ）音如「衡」，常、久之意（二八～1標題）。

0425　奠（ㄉㄧㄢˋ）音如「店」，祭示（二八～14）。

0426　倭（ㄨㄛ）音如「窩」，此處爲人名釋音；過去稱日人爲「倭」（三二～41）。

0500　申命記

0501　睚（ㄧㄞˊ）音如「崖」，眼睚，「睚眥必報」；此處是地名譯音（三～14）。

0502　毘（ㄆㄧˊ）同毗，毗連；此處是地名譯音（三～17）。

0503　燋（ㄓㄠˊ）同「著」，中了，燒著了（九～15）。

0504　梗（ㄍㄥˇ）音如「耿」，植物的枝莖；阻塞，頑梗；梗直；梗概（九～27）。

0505　詛（ㄗㄨˇ）音如「祖」，詛咒（十一～26標題）。

0506　詣（ㄧˋ）音如「亦」，到；晉見；獨行（十二～1標題）。

0507　粘（ㄋㄧㄢˊ　ㄓㄢ）音如「年」或「沾」，同黏（十三～17）。

0508　麃（ㄅㄠˊ）音如「雹」，麞類，蒼赤色（十四～4）。

0509　麋（ㄇㄧˊ）音如「迷」，鹿類稍大，青黑色（十四～4）。

0510　豁（ㄏㄨㄚ）音如「划」，豁拳；（ㄏㄨㄛ）讀如「忽」，捨棄、犧牲；（ㄏㄜ）音如「賀」，寬敞明亮；（ㄏㄨㄛ）音如「劃」，開朗、豁免充之意（十五～1標題）。

0511　攢（ㄗㄨㄢ）音如「鑽」，積蓄，如攢財（十五～7）。

0512　瘸（ㄑㄩㄝ）音如「缺」，腳跛或手扭曲（十五～1）。

0513　讞（一ㄢ）音如「厭」，定讞即判罪確定（十九～15標題）。

0514　兢（ㄐㄧㄥ）音如「經」，小心謹慎、兢兢業業。與「競」（ㄐㄧㄥ）不同，音如「境」，後者係競爭、比賽之意（二十～3）。

0515　0516　蹧蹋（ㄗㄠ　ㄊㄚ）音如「遭他」，浪費；污辱人（二十～19）。

0517　塌（ㄊㄚ）音如「他」，倒塌（二十～20）。

0518　悖（ㄅㄟ）音如「備」，背禮；逆亂（二一～20）。

0519　佯（一ㄤ）音如「羊」，假裝（二二～1）。

0520　當（ㄉㄤ）音如「蕩」，擔當；應當（二四～6）。

0521　乏（ㄈㄚ）音如「法」，窮困；缺乏（二四～14標題）。

0522　0523　法碼（ㄈㄚ　ㄇㄚ）天平上的計量器，度量衡器（二三～13）。

0524　憎（ㄗㄥ）音如「增」，討厭、憎惡、憎恨（二七～15）。

0525　綽（ㄔㄨㄛ）音如「　」，寬裕、寬闊、有餘（二八～11）。

0526　誚（ㄑㄧㄠ）音如「俏」，譏誚，說話挖苦人（二十八～37）。

0527　0528　茵蔯（一ㄣ　ㄔㄣ）音如「因陳」，多年生草類，

生於水邊沙地，莖葉均可製藥，屬艾草一類。聖經中亦以此喻危險、災難、刑罰、不公義，甚至喻末世大災難（二九～18）。

0529　鹵（ㄌㄨˇ）音如「滷」，鹽汁，通「滷」（二九～18）。

0530　擄（ㄌㄨˇ）音如「魯」，刼掠（三十～3）。

0531　裔（一ˋ）音如「衣」，遠代的子孫稱「後裔」；邊遠的地方稱「四裔」（三十～19）。

0532　撇（ㄆㄧㄝ）音如「瞥」，拋棄、丟下（三一～6）。

0533　瞳（ㄊㄨㄥˊ）音如「童」，眼珠，映入人影（三二～10）。

0534　咂（ㄗㄚ）音如「紮」，嘴吃食的聲音（三二～13）。

0535　虺（ㄏㄨㄟˇ）音如「悔」，一種毒蛇（三二～33）。

0536 0537　穹蒼（ㄑㄩㄥˊ ㄘㄤ）「穹」音如「芎」，即天空（三三～26）。

0537 0538　冢子（ㄓㄨㄥˇ ˙ㄗㄜ）「冢」音如「種」，冢是高墳；山頂。冢子（ㄓˇ）亦指嫡長子（二一～15標題）。

0600　約書亞記

0601　濟（ㄐㄧˋ）音如「祭」，過河、渡河。「若濟巨川」，「及其半濟而擊之」。另一意義則爲濟助，如「同舟共濟」（一～10）。

0602　稭（ㄐㄧㄝ）音如「街」，禾麥桿（二～6）。

0603 喇（ㄌㄚˇ）音如「拉」，喇嘛、喇叭；此處是人名譯音（二～1）。

0604 窺（ㄎㄨㄟ）音如「盔」，偷看、秘密探視（二～1標題）。

0605 縋（ㄓㄨㄟˋ）音如「綴」，從高處用繩索掛人或物下墜，如「縋城而逃」。左傳：「夜縋而下」（二～15）。

0606 輥（ㄍㄨㄣ）同滾（五～9）。

0607 鎗（ㄑㄧㄤ）同槍，指矛、火銃、槍礮（八～18）。

0608 儘（ㄐㄧㄣˇ）音如「僅」，充其量、儘量（十五～1）。

0609 圮（ㄆㄧˇ）音如「丕」，毀壞。另字「圯」（ㄧˇ）音如「已」，橋（六～15標題）。

0700 士師記

0701 0702 士師（ㄕˋ ㄕ）周禮秋官之屬，主察訟獄之事，列國亦置之。論語微子篇：「柳下惠爲士師」（篇名標題）。

0703 笏（ㄏㄨˋ）音如「戶」，古代大臣朝見皇帝所執的手版；此處爲人名譯音（三～15標題）。

0704 0705 枳棘（ㄓˇ ㄐㄧˊ）音如「只即」，枳爲常綠喬木，棘爲多刺灌木（八～7）。

0706 颻（ㄧˊㄠ）同「搖」，飄搖（九～10）。

0707 踹（ㄔㄨㄞˋ）音如「嘬」，用腳用力踩（ㄘㄞˇ）、踐（ㄐㄧㄢ）、踏（九～27）。

0708 0709 邑宰（一ˇ ㄗㄞˋ）「宰」音如「載」，即今之縣長，主掌一邑之官長。論語雍也篇：「子游爲武城宰」（九～30）。

0710 仆（ㄆㄨ）音如「僕」，跌倒伏地，「前仆後繼」（九～40）。

0711 遶（ㄖㄠˋ）音如「繞」，圍繞（十一～18）。

0712 袞（ㄍㄨㄣ）音如「滾」，此處爲人名譯音；古時君王的禮服；衆多，「袞袞諸公」（十六～23）。

0800　路得記

0801 叱（ㄔ）音如「斥」，大聲呼喝責罵（二～16）。

0900　撒母耳記上

0901 鼎（ㄉㄧㄥˇ）音如「頂」三角兩耳的烹飪器；又「鼎鑊之刑」則爲刑具（二～14）。

0902 釜（ㄈㄨ）音如「斧」，烹飪的鍋；古量器，可容六斗四升（二～14）。

0903 舁（ㄩˊ）音如「於」，兩人扛擡之意（七～1標題）。

0904 逈（ㄐㄩㄥˇ）同「迥」，特異、不同（十五～89）。

0905　豫（ㄩˋ）同「預」（十六～1）。

0906　契（ㄑㄧˋ）音如「器」，契約；友情相投合、投契（十八～1）。

0907　愬（ㄙㄨˋ）同訴（二十～1標題）。

0908　0909　蚱蚤（ㄍㄜ ㄗㄠˇ）音如「各早」，能跳、吃血小蟲（二四～14）。

0910　愎（ㄅㄧˋ）音如「必」，「剛愎自用」，不聽人意見（二五～3）。

0911　詈（ㄌㄧˋ）音如「厲」，背後罵人（二五～10標題）。

0912　0913　輜重（ㄗ ㄓㄨㄥˋ）音如「姿仲」，軍需品，包括糧食、彈藥、器材、油料等（二六～5）。

0914　0915　鷓鴣（ㄓㄜˋ ㄍㄨ）音如「蔗古」，鳥名，頭頂紫紅食，胸部灰色，有白點（二六～20）。

0916　0917　牧伯（ㄇㄨˋ ㄅㄛˊ）音如「木栢」，古時州之長官即州長，相當於現今之省長（二九～4標題）。

1000　撒母耳記下

1001　艮（ㄍㄣˋ）音如「亙」堅靭；個性不隨和；食物不鬆脆；講話沒有曲折等均為艮（六～6）。

1002　甕（ㄨㄥˋ）音如「翁」的去聲，盛水、酒、醃漬物的容器；「城甕」是指大城外面的小城（十八～24）。

1003　趟（ㄊㄤ）音如「湯」，從水裏走過去（十九～17）。

1004　讒（ㄔㄢ）音如「蟬」，說別人的壞話（十九～27）。

1005　踐（ㄐㄧㄢ）音如「賤」，踐踏；履行、實踐（二一～10）。

1100　列王紀上

1101　覲（ㄐㄧㄣˋ）音如「僅」，古時晉見天子之謂（一～15標題）。

1102　鞫（ㄐㄩˊ）音如「局」，窮源究委；訊問囚犯（三～16標題）。

1103　櫺（ㄌㄧㄥˊ）音如「鈴」，窗格雕拚成的圖案或花狀（六～4）。

1104　坎（ㄎㄢˇ）音如「砍」，凹下去的地方，如坎坡（六～6）。

1105　檐（ㄧㄢˊ）音如「延」，屋頂邊緣滴水的部分（七～9）。

1106　輞（ㄨㄤˇ）音如「往」，車輛外週（七～33）。

1107　輻（ㄈㄨˊ）音如「伏」，車輪與輪之間的直木，現代多用金屬製成，其狀稱爲「輻射」，亦爲物理學名辭（七～33）。

1108　轂（ㄍㄨ）音如「姑」，車輪，轂轆（七～33）。

1109　1110　瓔珞（ㄧㄥ　ㄌㄨㄛˋ）音如「音洛」，用珠玉製成的項鍊，如賽璐珞（七～36）。

1111　鑷（ㄌㄧˋ）音如「聶」，多爲金屬製成，用以夾物（七～50）。

1112　饈（ㄒㄧㄡ）音如「羞」，珍貴味美的食物（十～5）。

1113　妃（ㄈㄟ）音如「飛」，皇帝的妾（十一～4）。

1114　嬪（ㄅㄧㄣ）音如「賓」，宮女、侍妾（十一～4）。

1115　誆（ㄎㄨㄤ）音如「匡」，欺騙的意思（十三～18）。

1116　哄（ㄏㄨㄥ）音如「紅」的上聲，誘騙，哄小孩多非惡意（十三～18）。

1117　孌（ㄌㄩㄢ）音如「孿」，供人玩弄的美男稱孌童（十四～24）。

1118　篡（ㄘㄨㄢ）音如「竄」，用權謀或武力非法奪取王位（十五～28）。

1119　嫠（ㄌㄧ）音如「厘」，即寡婦（十七～8標題）。

1120　踊（ㄩㄥ）音如「甬」，跳躍，禮記：「跛者不踊」；形容物價上漲稱「踊貴」（十八～26）。

1121　胄（ㄓㄡ）音如「宙」，貴胄是皇親貴族的後裔；甲胄則指戰士的盔甲（二一～11）。

1200　列王記下

1201　兜（ㄉㄡ）音如「都」，古戰士戴的帽子；男女用披風稱兜篷，通常無袖；此處是指用衣服盛裝物品而言（四～39）。

1202　坍（ㄊㄢ）音如「攤」，牆倒屋坍，坍台；與另一字「塌」（ㄊㄚ）音如「他」，相同意思，但讀音不同（六～13）。

1203　1204　擄掠（ㄌㄨˇ ㄌㄩㄝˋ）音如「滷略」，搶奪刼掠（
　　　　七～16）。

1205　1206　家宰（ㄐㄧㄚ ㄗㄞˇ）「宰」讀如「載」，家臣
　　　　之長者爲家宰，論語子路篇：「仲弓爲季氏宰」（十一～5）。

1207　鉈（ㄊㄨㄛˊ）音如「馱」，秤鉈、線鉈（紡線用）（二一
　　　　～13）。

1208　數（ㄕㄨˋ ㄕㄨˇ）此處當動詞用，讀如「暑」；如用爲名
　　　　詞則讀如「署」（二二～4）。

1300　歷代誌上

1301　陀（ㄊㄨㄛˊ）音如「馱」，陀螺；此處爲人名譯音（一二
　　　　～30）。

1302　1303　馱來（ㄊㄨㄛˊ ㄋㄞˊ）音如「陀萊」，類似騾馬、
　　　　駱駝之牲扣（十二～40）。

1304　謳（ㄡ）音如「歐」，齊聲唱歌，歌功頌德（十五～16標
　　　　題）。

1305　鈸（ㄅㄚ ㄅㄛˊ）音如「八」或「博」，以兩銅片互擊
　　　　後發出大聲的樂器（十五～16）。

1306　1307　琴瑟（ㄑㄧㄣˊ ㄙㄜˋ）音如「勤色」，均爲古樂器，
　　　　琴有七絃，瑟則有二十五絃；「琴瑟和鳴」乃形容夫妻感
　　　　情彌篤（十五～16）。

1308　耙（ㄅㄚˊ）音如「爬」，是一種有齒的農具（二十～3）。

1309　篩（ㄕㄞ）音如「晒」的陰平聲，此處是人名譯音；是一種竹或金屬所編製、或金屬打造的用具（二七～33）。

1310　勗（ㄒㄩˋ）音如「叙」，勉勵（二八～20標題）。

1311　膏（ㄍㄠ　ㄍㄠˋ）音如「高」（名詞）或「告」（動詞），此處當施以恩澤講；油膏、藥膏；土地肥沃（二十九～22標題）。

1400　歷代誌下

1401　1402　犧牲（ㄒㄧ　ㄕㄥ）音如「希生」，供祭神的牲畜祭品；捨生救人或救國的行為（一～6）。

1403　貲（ㄗ）音如「資」，財貨（一～11）。

1404　屯（ㄊㄨㄣˊ）音如「囤」，聚兵而守（一～14）。

1405　筏（ㄈㄚˊ）音如「法」，竹排或木排用以浮在水面乘載人貨（二～16）。

1406　泛（ㄈㄢˋ）音如「犯」，浮在水上如「泛舟」；亦作廣博講，如「泛愛」、汎太平。不切實際如「空泛」；不專於一事如「泛論」（八～18）。

1407　耆（ㄑㄧˊ）音如「棋」，年老，禮記：「六十稱耆」；說文：「七十稱耆」（十一～1標題）。

1408　蠍（ㄒㄧㄝ）音如「歇」，毒蟲，尾部有毒鈎，能螫（音

「ㄓㄜ」或「ㄕ」）（十～10）。

1409 貶（ㄅㄧㄢ）音如「扁」，貶抑（十五～16標題）。

1410 1411 諮諏（ㄗ ㄗㄡ）音如「咨謅」，「諮」是詢問；「諏」是會商（十八～4標題）。

1412 鐃（ㄋㄠ）音如「撓」，古時軍中的樂器，係銅製合擊發出聲音，大者叫鐃，小者叫鈸。此處「鐃鈎」乃金屬鈎狀捕人的器具（三三～11）。

1500　以斯帖記

1501 輭（ㄖㄨㄢ）同「軟」，為其本體字（四～4）。

1502 1503 上本（ㄕㄤ ㄅㄣ）向皇帝呈上的奏本、奏摺（四～6）。

1504 奏（ㄗㄡ）音如「揍」，向帝王報告事情（四～14）。

1505、1506 總督（ㄗㄨㄥ ㄉㄨ）「督」音如「嘟」，官名，始於漢代，至清時指外省統轄文武的最高官員，管一省或數省（六～13）。

1600　尼希米記

1601 犰（ㄎㄡ）通「口」，即牲犰（二～12）。

1602 1603　善工（ㄕㄢ　ㄍㄨㄥ）「善」音如「扇」，相當於現代的「義工」（二～18）。

1604　嗤（ㄔ）音如「吃」，譏笑（二～19）。

1605　藐（ㄇㄧㄠˇ）音如「渺」，輕視；微小（二～19）。

1606 1607　門扇（ㄇㄣˊ ㄕㄢ）即是門，俗稱一扇門意即一道門（三～1）。

1608　夙（ㄙㄨˋ）音如「宿」，此處是人名的譯音；舊；昔（三～16）。

1609　跐（ㄘˇ）音如「此」，踐踏，滑；如讀「ㄘㄞ」則同「踩」，如：「踩自行車」（四～3）。

1610　掠（ㄐㄩㄝˋ）音如「略」，刧掠；奪權（四～4）。

1611　扛（ㄎㄤ）音如「康」的陽平聲，肩負（四～10）。

1612　嗟（ㄐㄧㄝ）音如「街」，嘆息聲（五～1標題）。

1613 1614　悉反（ㄒㄧ　ㄈㄢˇ）悉是全數，反是歸還，意即全數歸還（五～11標題）。

1615　垣（ㄩㄢˊ）音如「元」，城或牆，城垣即城牆；省桓即省城，亦即省會，乃省攻府所在地（六～1標題）。

1616　捏（ㄋㄧㄝ）同「揑」，「聶」的陰平聲，捏土；捏造（六～8）。

1617　賄（ㄏㄨㄟˇ ㄏㄨㄟˋ）音如「悔」或「卉」，非法致贈財物（六～12）。

1618 1619　宰官（ㄗㄞˇ　ㄍㄨㄢ）「宰」音如「載」，主持、主管、屠宰；古代官名如宰相、家宰（七～2）。

1620　餬（ㄏㄨˊ）音如「胡」，稀飯、麵糊子；餬口即勉強可以吃飽之意（九～20）。

1621　掣（ㄔㄜˋ）音如「拆」，如掣肘、牽扯；抽取、掣籤（十一～1）。

1622　擔（ㄉㄢ　ㄉㄢˋ）音如「單」（動詞）或「但」（名詞）。如擔當、擔任；擔子、扁擔；又舊制一擔為一百斤（十三～19）。

1700　以斯帖記

1701 1702　二豎（ㄦˋ　ㄕㄨˋ）「豎」音如「樹」，原指病魔，出自左傳。晉景公生病，夢見病魔「二豎子」侵入身體。此處指兩個太監企圖暗殺王，比喻「二豎」（二～19標題）。

1703　驛（一ˋ）音如「益」，古時傳達公文的馬匹稱為驛馬，其停留之處稱為驛站（三～13）。

1704　挂（ㄍㄨㄚˋ）同「掛」（七～9）。

1705　賙（ㄓㄡ）音如「周」，賙濟，即以財物救濟別人（九～22）。

1800　約伯記

1801　蠹（ㄉㄨˋ）音如「妒」，專咬書籍、衣物等的白色小蟲，亦稱爲「蠹魚」（四～19）。

1802　梭（ㄙㄨㄛ）音如「唆」，織布機上引導緯線的器具；又以之喻時光如流，日月如梭，形容時間過的很快，且一去不返（七～6）。

1803　榻（ㄊㄚˋ）音如「塌」，床之狹而長者謂榻（七～13）。

1804　噎（一ㄝ）音如「耶」，食物卡在喉中或胸口，不能順利下嚥（七～15）。

1805　槁（ㄍㄠˇ）音如「稿」枯乾的樹木；亦用以形容氣色難看的人，如「面色如槁」（八～12）。

1806　1807　北斗（ㄅㄟˇ　ㄉㄡˇ）星名，共有七個星組成：1.天極，2.璇，3.機，4.權，5.玉衡，6.開陽，7.搖光。以上1至4爲「魁」，5至7爲「杓」，全名爲「北斗」（九～9）。

1808　1809　昴參（ㄇㄠˇ　ㄕㄣ）音如「卯」「申」，按我國古代天文學有二十八宿，區分爲四方：

東方稱蒼龍：角、亢、氐、房、心、尾、箕。

南方稱朱雀：井、鬼、柳、星、張、翼、軫。

西方稱白虎：奎、婁、胃、昴、畢、觜、參。

北方稱玄虎：斗、牛、女、虛、危、室、壁。

其中參星爲冬至節子初三刻五分之中星；昴星爲立冬節子正三刻四分之中心。又其中箕、翼、壁、軫四宿及其出現時間及形狀如下圖。（九～9）：

出現時間：

　　箕宿，是夏至子初三刻十
　　　　四分之中星；
　　壁宿，是秋分子正初刻之
　　　　中星；
　　翼宿，是驚蟄子刻五分之
　　　　中星；
　　軫宿，是春分子正初刻十
　　　　分之中星；
　　如春之丙子日，夏之戊己
　　日，秋之壬癸日，冬之甲
　　乙日，凡此之日皆多風。
　形狀：

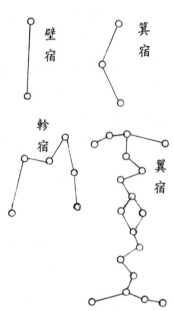

1810 1811　密宮（ㄇㄧ ㄍㄨㄥ）星辰名（九～9）。

1812　亞（ㄧㄚ）此處當次、差（ㄔㄚ）講（十二～1標題）。

1813 1814　上膛（ㄕㄤ ㄊㄤ）「膛」音如「堂」，此處指口
　　　　腔、舌、食道等；又武器槍礮如已裝好彈藥隨時可擊發，
　　　　亦稱上膛（十二～11）。

1815　徇（ㄒㄩㄣ）音如「訊」，向著一個目標去做不計一切，
　　　　如徇情、徇義、徇節、徇私等（十三～8）。

1816 1817　木狗（ㄇㄨ ㄍㄡ）一種刑具（十三～27）。

1818　涸（ㄏㄜ）音如「核」，水乾了（十四～11）。

1819　劬（ㄑㄩ）音如「渠」，勤勞（十五～20）。

1820　索（ㄙㄨㄛˊ）音如「唆」的陽平聲，此處作索取或尋覓講（十八～2）。

1821　矜（ㄐㄧㄣ）音如「今」，憐惜、自大、慎重（十九～13標題）。

1822　鐫（ㄐㄩㄢ）音如「鵑」，雕刻（十九～24）。

1823　磐（ㄆㄢˊ）音如「磐」，巨大的石頭（十九～24）。

1824　亙（ㄍㄣˋ）音如「艮」，通達，指時間或空間的長遠（二十～4）。

1825　虔（ㄑㄧㄢˊ）音如「前」，恭敬虔誠（二十～5）。

1826　蝮（ㄈㄨˋ）音如「復」，毒蛇，長尺餘，灰褐色、頭大（二十～16）。

1827　摀（ㄨˇ）音如「五」，用手遮住（二一～8）。

1828　1829　糠粃（ㄎㄤ　ㄆㄧˇ）音如「康痞」，稻米的夾雜物（二一～18）。

1830　謬（ㄇㄧㄡˋ）音如「繆」，錯誤荒唐（二一～34）。

1831　1832　當頭（ㄉㄤˋ　ㄊㄡˊ）此處「當」音如「蕩」，典當的質押物（二四～3）。

1833　翳（ㄧˋ）音如「亦」，瞳孔薄膜有障蔽，即白內障（二八～3）。

1834　刨（ㄆㄠˊ　ㄅㄠˋ）音如「袍」或「報」，前者掘的意思；後者如刨子（二八～4）。

1835　鷙（ㄓˋ）音如「至」，一種凶猛的鳥（二八～7）。

1836　霑（ㄓㄢ）音如「沾」，侵濕；受恩惠（二九～19）。

1837 1838 1839　羅騰樹（ㄋㄨㄛˊ ㄊㄥˊ ㄕㄨˋ）松類、係帕勒司聽山中常見的小樹，以利亞先知曾止息於此樹下。此樹可以燒成木炭，飢民亦可食此樹根（三十～4）。

1840　彎（ㄆㄟˋ）音如「佩」，馬韁鞍（三十～11）。

1841　籲（ㄩ）音如「寓」，呼求（三十～16標題）。

1842　齗（一ㄣˊ）音如「吟」，牙肉（三十～17）。

1843　扔（ㄖㄥ）音如「仍」的陰平聲，丟掉（三十～19）。

1844　鴕（ㄊㄨㄛˊ）音如「陀」，鳥之最大者，善行（三十～29）。

1845　雹（ㄅㄠˊ）音如「薄」，雨遇冷空氣在空中結成冰塊（三八～22）。

1846　蹲（ㄉㄨㄣ）音如「敦」，低身彎腰曲腿狀（三八～40）。

1847　詰（ㄐㄧㄝˊ）音如「捷」，責問（三九～1標題）。

1848　煖（ㄋㄧㄢˇ）同「暖」（三九～14）。

1849 1850　挓沙（ㄓㄚ ㄕㄚ）音如「札沙」，張開撫摸，「挓」字應輕讀，亦作「扎煞」（三九～19）。

　　　　1900　詩篇

1901　褻（ㄒㄧㄝˋ）音如「蟹」，褻瀆，褻漫，猥褻（一～1）。

1902　腮（ㄙㄞ）音如「塞」，同「顋」，面頰（三～7）。

1903　恤（ㄒㄩˋ）音如「血」，體恤，憐恤，撫恤（四～1標題）。

1904　儆（ㄐㄧㄥˇ）音如「井」，儆戒，同警（五～3）。

1905 1906 1907　嗒略伯（ㄐㄧ ㄌㄨˋ ㄅㄛˊ）（Cherubim）
有三義：1.即上帝降臨之表彰；2.背負及護衛上帝寶座者；
3.防衛聖地聖物者。至於其形象難以詳知，或謂有四臉，
即人臉、獅臉、牛臉、鷹臉，有巨翅。留傳的畫像與聖經
各篇所述亦不盡相同。猶太教稱其爲天使者。總之乃爲神
物，可以變化，難測高深（十八～10）。

1908　遘（ㄍㄡˋ）音如「構」，遭遇（四一～1）。

1909　詭（ㄍㄨㄟˇ）音如「癸」，欺詐，不正派（四三～1）。

1910 1911　沒藥（ㄇㄛˋ ㄧㄠˋ）音如「墨要」，係一種香樹，
爲灌木，產於中東，複葉、花冠四瓣，核果端尖，其莖中
之汁灑乾而成的藥物（四五～8）。

1912　秤（ㄔㄥˋ ㄆㄧㄥˊ）音如「稱」或「平」，權衡輕重的量
器；天平（五八～2）。

1913　瞅（ㄔㄡˇ）音如「醜」，同「瞅」，瞧見（五八～7）。

1914　蝸（ㄍㄨㄚ）音如「瓜」，蝸牛（五八～8）。

1915　颳（ㄍㄨㄚ）音如「括」，颳風（五八～9）。

1916　翎（ㄌㄧㄥˊ）音如「伶」，鳥的羽毛（六八～13）。

1917 1918　坑坎（ㄎㄥ ㄎㄢˇ）「坎」音如「砍」。地面下陷
的部分爲坑；活埋，如「焚書坑儒」；陷害亦稱「坑人」。
地面凹陷的地方爲坎，地不平或人不得意均稱「坎坷」（
六九～15）。

1919 1920　機檻（ㄐㄧ ㄎㄢˇ）「檻」音如「斫」，門檻或關

獸的欄柵、或活動的柵欄均稱機檻（六九～12）。

1921　攙（ㄔㄢ）音如「參」，同「摻」，攙雜、摻合、摻假；牽扶（七五～8）。

1922 1923　蔓子（ㄇㄢ ˙ㄗ）「蔓」音如「曼」，植物竄出蔓延的枝葉（八十～11）。

1924　菢（ㄅㄠˋ）音如「抱」，禽類或其他卵生動物伏窩孵蛋（八四～3）。

1925　雛（ㄔㄨˊ）音如「廚」，禽類幼兒（八四～3）。

1926　挨（ㄞ）音如「哀」，靠近、接觸；挨餓、挨打；拖延、等待；依序；擊、推、擁擠；強進；摩擦（九一～10）。

1927　僻（ㄆㄧˋ ㄅㄟˋ）音如「闢」或「被」，幽隱、邪僻、荒僻（一〇一～3）。

1928　肇（ㄓㄠˋ）音如「照」，開始、肇端（一〇四～1標題）。

1929 1930　螞蚱（ㄇㄚ ㄓㄚ）此處「螞」音如「罵」，「蚱」字輕讀，即蚱蜢、害蟲。如為「螞蟻」則續ㄇㄚ，音如「馬」（一〇五～34）。

1931　剿（ㄐㄧㄠˇ）音如「狡」，滅絕，與「勦」通（一一八～10）。

1932　拴（ㄕㄨㄢ）音如「閂」，繫，拴馬（一一八～27）。

1933　犁（ㄌㄧˊ）音如「梨」，耕田的農具（一二九～3）。

1934　昂（ㄤˊ）音如「卬」，上仰、高攀；激昂、情緒高；昂貴、物價高（一四〇～9）。

1935 1936 1937　樹栽子（ㄔㄨ ㄗㄞ ˙ㄗㄜ）「栽」此處音

如「災」，樹苗 （一四四～12）。

1938 庇（ㄅㄧˋ）音如「比」，保護、保庇、庇短（一四五～9）。

1939 陟（ㄓˋ）音如「志」，升、登高。詩經：「陟彼南山」。進用，如「黜陟」，指人員進退而言（二四～1標題）。

1940 鞫（ㄐㄩˋ）音如「局」，訊問犯人，窮究其犯罪情形，以便審判（五〇～1標題）。

2000 箴 言

2001 譬（ㄆㄧˋ）音如「僻」，比喻、比如（一～6）。

2002 2003 囫圇（ㄏㄨㄣ ㄌㄨㄣˊ）音如「混侖」，粗枝大葉，囫圇吞棗（一～12）。

2004 2005 乖僻（ㄍㄨㄞ ㄅㄧˋ）個性彆扭，不正常理性（二～14）。

2006 麀（ㄧㄡ）音如「幽」，公鹿或泛指雄性。詩經：「麀鹿攸伏」；左傳：「忘其國恤，而思其麀牡」（五～19）。

2007 斂（ㄌㄧㄢˋ）音如「練」，收聚（六～8）。

2008 盹（ㄉㄨㄣˇ）音如「躉」，小睡，打盹（六～9）。

2009 搋（ㄔㄨㄞ）音如「揣」的陰平聲，將東西藏在懷中；搋麵、揉麵（六～27）。

2010 戾（ㄌㄧˋ）音如「利」，暴戾、罪戾（十五～1）。

2011 崽（ㄗㄞˇ）音如「宰」，小孩，罵人的話「小子」（十七

～12）。

2012　2013　瞻徇（ㄓㄢ ㄒㄩㄣˋ）音如「沾旬」，瞻顧徇私或瞻前顧後、因循苟且（十八～5）。

2014　2015　碌碡（ㄌㄨˋ ㄉㄨˊ）音如「彔毒」，石製農具，用以碾穀（二十～26）。

2016　2017　輥軋（ㄍㄨㄣˇ ㄧㄚ）音如「滾亞」，滾動輾壓，「輥」同「滾」（二十～26）。

2018　籟（ㄅㄛˇ）音如「跛」，籟揚、籟動、籟弄（二十～26）。

2019　隴（ㄌㄨㄥˇ）音如「攏」，丘隴；通「壟」（二一～1）。

2020　饜（ㄧㄢˋ）音如「厭」，吃食貪得無饜（二一～26）。

2021　桅（ㄨㄟˊ）音如「危」，船上的桅桿（二三～34）。

2022　謄（ㄊㄥˊ）音如「騰」，謄寫、謄本（二五～1）。

2023　杵（ㄔㄨˇ）音如「楚」，搗米的棍、木槌；洗衣時擣衣的木槌；古時兵器；刺觸，如拿指頭杵他一下；「鐵杵磨成針」（二七～22）。

2024　婪（ㄌㄢˊ）音如「藍」，貪心（二八～25）。

2025　2026　螞蟥（ㄇㄚˇ ㄏㄨㄤˊ）音如「馬皇」，蠕形動物，環蟲類，喜吸血，棲水中（三十～15）。

2027　箴（ㄓㄣ）音如「針」，規戒，如箴言、箴規、箴諫（篇名）。

2100　傳道書

2101　囿（ㄧㄡˋ）音如「右」，有圍牆可養禽獸的圈子，如園囿、
鹿囿；局限、約束，如「囿於成見」（二～5）。

2200　雅　歌

2201　椽（ㄔㄨㄢˊ）音如「傳」，承受屋瓦的木條（一～17）。

2202　躥（ㄘㄨㄢ）音如「穿」，向上跳越（二～8）。

2203　華（ㄏㄨㄚˊ ㄏㄨㄚ）音如「譁」或「花」，華麗；華夏；
通「花」（三～9）。

2204　畦（ㄑㄧˊ）音如「奇」，田的分界，或劃成一個田區（六
～2）。

2205　旌（ㄐㄧㄥ）音如「京」，古時有羽毛裝飾的旗子；亦作
表彰講（六～4）。

2206 2207　哪噠（ㄋㄚˋ ㄉㄚˊ）（natd）「哪」音如「那」的
經讀，是一種具有香味的植物，稱為「甘松」，古時可製
成香油或香膏（spchenard）稱為「哪噠香膏」（一～12）。

2300　以賽亞書

2301　嘻（ㄏㄟˋ）音如「害」，驚嘆聲、詫異聲（一～4）。

2302　纏（ㄔㄢ）音如「蟬」，繞、捆；糾纏不清（一～6）。

2303　橡（ㄒㄧㄤ）音如「象」，常綠喬木，可產橡膠（一～29）。

2304　瓤（ㄖㄤ）音如「攘」，瓜類中的肉；亦用以說明東西的內部（一～31）。

2305　2306　觀兆（ㄍㄨㄢ　ㄓㄠ）觀看星象的變化，以預卜未來大事（二～6）。

2307　2308　玎璫（ㄉㄧㄥ　ㄉㄤ）音如「丁當」，玉石相碰擊的聲音（三～16）。

2309　釧（ㄔㄨㄢ）音如「串」，鐲子，帶在臂上或腕上的環飾（三～18）。

2310　賸（ㄕㄥ）與「剩」通，餘下、留下（四～4）。

2311　鑿（ㄗㄨㄛ　ㄗㄠ）音如「坐」或「糟」的陽平聲，挖削木石的工具；或作為動詞用（五～2）。

2312　嘶（ㄙ）音如「絲」，發出嘶嘶聲（五～26）。

2313　2314　訇訇（ㄆㄧㄥ　ㄏㄨㄥ）音如「乒烘」，發出很大的聲音（五～30）。

2315　2316　2317　撒拉弗（ㄙㄚ　ㄋㄚ　ㄈㄨ）（Seraphin）為一護衛寶座的神物，其面與手、足與人相同，生有六個翅膀，以兩翼蔽面、兩翼覆足、兩翼飛翔，護衛寶座，彼此唱和，讚誦主榮。撒拉弗的本分有二：一為衛護寶座，不讓褻瀆者與不潔者接近寶座；二、以火鍛鍊上帝欲用之人（六～6）。

2318　不（ㄆㄟ）音如「胚」，被砍下的樹幹（六～13）。

2319 2320　蒼蠅（ㄔㄤ　一ㄥ）與「蒼蠅」通用（七～18）。

2321　賃（ㄖㄣˋ）音如「恁」，租賃（七～20）。

2322　稠（ㄔㄡˊ）音如「仇」，濃密（九～18）。

2323　摳（ㄍㄡ）音如「摳」，伸手取物（十一～14）。

2324　忒（ㄊㄜˋ）音如「特」，此處是人名譯音；作過分講，如「欺人忒甚」（十一～11）。

2325 2326　咆哮（ㄆㄠˊ　ㄒㄧㄠˋ）音如「袍孝」，發怒大聲喊叫（十三～21）。

2327 2328　豺狼（ㄔㄞˊ　ㄌㄤˊ）音如「才郎」，狼似大狗而兇猛；性狡滑，灰黃色；豺與狼同類異種，兇殘與狼同，豺狼亦喻心狠手辣的惡人（十三～22）。

2329 2330　刺蝟（ㄘˋ　ㄨㄟˋ）「蝟」音如「胃」，獸名，形體小，背上生著尖銳的棘毛，晝伏夜出，愛吃小鼠、青蛙等（十四～23）。

2331　枵（ㄒㄧㄠ）音如「消」，空虛，「枵腹從公」即指餓著肚子辦理公務（十七～4）。

2332 2333　秧子（一ㄤ　˙ㄗ）「秧」音如「央」，禾苗，植物的幼苗（十七～10）。

2334　掄（ㄌㄨㄣ）音如「倫」的陰平聲，掄選；手臂掄動（十九～16）。

2335　黜（ㄔㄨˋ）音如「觸」，貶免、去職（二二～15標題）。

2336　瓶（ㄆㄧㄥˊ）同「瓶」（二二～24）。

2337　洑（ㄈㄨˊ）音如「孚」，洄水（二五～11）。

2338　扎（ㄓㄚ）音如「渣」，刺入、投入、深入如扎根（二七～6）。

2339　2340　2341　拉哈伯（ㄋㄚ　ㄏㄚ　ㄅㄛ）（Rohab）有二義：1.指亞利哥的妓女；2.係指龍與青蛇之名。另亦喻埃及（三十～7）。

2342　題（ㄊㄧˊ）同「提」，題名、題字、題目（三十～7）。

2343　舀（ㄧㄠˇ）音如「咬」，用瓢杓取水（三十～14）。

2344　枚（ㄑㄧㄢ）音如「簽」，農具、其首方濶，有鐵板、木枚之別，挹取穀物之用（三十～24）。

2345　籮（ㄌㄨㄛˊ）音如「羅」，淘米用竹器（三十～28）。

2346　斥（ㄔˋ）音如「拆」，責罵，責備（三一～1標題）。

2347　恃（ㄕˋ）音如「士」，依仗、仰靠，如「有恃而無恐」（三一～1標題）。

2348　搧（ㄕㄢ）音如「刪」，搧動（三一～5）。

2349　嗇（ㄙㄜˋ）音如「色」，吝嗇、小氣（三二～5）。

2350　2351　戍樓（ㄕㄨˋ　ㄋㄡˊ）駐兵守衛之樓（三三～18）。

2352　晷（ㄍㄨㄟˇ）音如「癸」，日影；測日影以定時刻的器具（三八～8）。

2353　砧（ㄓㄢ）音如「沾」，洗衣的石塊或砧板（四一～7）。

2354　柞（ㄗㄨㄛˋ）音如「坐」，常綠灌木，小葉有刺，光滑堅靭（四四～14）。

2355　2356　秦國（ㄑㄧㄣˊ　ㄍㄨㄛˊ）即中國（四九～12）。

2357　甦（ㄙㄨ）音如「蘇」，甦醒、回甦（五七～15）。

2358　旒（ㄌㄧㄡˊ）音如「劉」，旗上的彩帶（六二～3）。

2359　格（ㄍㄜˊ）音如「各」，來臨，詩經：「神之格思」；標準、規格；深研，「格物致知」；改正、論語：「有恥且格」（六四～1）。

2360　輦（ㄋㄧㄢˇ）音如「撚」，古時帝王用的車子（六六～15）。

2361　2362　女牆（ㄋㄩˇ ㄑㄧㄤˊ）城上的短牆（五四～12）。

2363　綿（ㄇㄧㄢˊ）音如「棉」，絲絮；連綿不絕（四八～14）。

2400　耶利米書

2401　梗（ㄍㄥˇ）音如「哽」，植物之莖；梗塞；梗直；頑梗；梗概（三～17）。

2402　閧（ㄏㄨㄥˋ）音如「烘」的去聲，吵鬧聲（七～33）。

2403　闖（ㄔㄨㄤˇ）音如「窗」的上聲，猛衝（八～6）。

2404　2405　班鳩（ㄅㄢ ㄐㄧㄡ）「鳩」音如「糾」，鳥類似鴿，後頸有黑色斑環。又「班」通常用「斑」（八～7）。

2406　鏇（ㄒㄩㄢˋ）音如「炫」，工人用作旋轉的機床，可將材料製成圓形或圓錐形；溫酒的器具，亦稱「酒鏇子」（十～5）。

2407　甩（ㄕㄨㄞˇ）音如「摔」，拋棄（十一～18）。

2408　誥（ㄍㄠˋ）音如「告」，誥誡文、誥封，係上對下而言（十一～7）。

2409　罈（ㄊㄢˊ）音如「彈」，瓦罐、磁罐（十三～12標題）。

2410　2411　酩酊（ㄇㄧㄥˇ　ㄉㄧㄥˇ）音如「名丁」，大醉狀（十三～13）。

2412　撻（ㄊㄚˋ）音如「踏」，打伐（二十～1標題）。

2413　丹（ㄉㄢ）音如「單」，朱紅色（二二～14）。

2414　悛（ㄑㄩㄢ）音如「圈」，悔改（六六～1標題）。

2415　掐（ㄑㄧㄚˊ）音如「恰」的陽平聲，用手指或指甲夾住或按住（三十～7）。

2416　靖（ㄐㄧㄥˋ）音如「竟」，平安，安靖、綏靖（三十～10）。

2417　飫（ㄩˋ）音如「寓」，飽足；賜予（三一～25）。

2418　阱（ㄐㄧㄥˇ）音如「井」，陷阱，誘捕獸的深坑（三八～1標題）。

2419　剜（ㄨㄢ）音如「宛」，用刀挖出（三九～7標題）。

2420　匿（ㄋㄧˋ）音如「逆」，隱藏；此處是人名譯音（四三～8）。

2421　惹（ㄖㄜˇ）音如「喏」，招引惹事（四四～3）。

2422　2423　雇勇（ㄍㄨˋ　ㄩㄥˇ）募集來的傭兵（四六～21）。

2424　2525　杜松（ㄉㄨˋ　ㄙㄨㄥ）常綠喬木，高二、三丈，葉細長而尖，略似針形，夏開小花，雌雄同株，實圓而有質，大如豆，熟則黑色（四八～6）。

2426　殃（ㄧㄤ）音如「央」，災禍（四八～16）。

2427　廩（ㄌㄧㄣˇ）音如「凜」，米倉、穀倉（五十～26）。

2500　耶利米哀歌

2501　尅（ㄎㄜ）音如「克」，同剋，尅制，尅星，相尅（一～13）。

2502　磣（ㄔㄣ）音如「晨」的上聲，食物中有沙石，嚼之不舒服；不好看稱「寒磣」（三～16）。

2600　以西結書

2601　芟（ㄕㄢ）音如「衫」，割草（十七～9）。

2602　鞘（ㄑㄧㄠ）音如「撬」，刀劍的皮套（二一～4）。

2603 2604　渣滓（ㄓㄚ　ㄗ）音如「扎紫」，物品去其精華所剩餘的廢物（二十二～18）。

2605　沸（ㄈㄟ）音如「廢」，流體加熱到沸點時，會起泡上下滾動叫沸（二四～1標題）。

2606　薪（ㄒㄧㄥ）音如「新」，柴草；俸給如「薪水」（二四～1標題）。

2607　咷（ㄊㄠ）音如「桃」，放聲大哭謂「號咷」（二七～31）。

2608　陡（ㄉㄡ）音如「斗」，險峻坡地；忽然稱「陡然」（三八～20）。

2609 2610　簸子（ㄅㄧ　·ㄗ）音如「閉」，簾子、窗簾或門簾（四一～16）。

2611　磴（ㄉㄥ）音如「鄧」，石級、台階（四三～17）。

2612 2613　庶民（ㄕㄨ ㄇㄧㄣˊ）「庶」音如「恕」，即平民
　　　　百姓；富庶；庶務；庶出、指妾所生之子女（四六～9標題）。

2614　踝（ㄏㄨㄚˊ ㄏㄨㄞˊ）音如「話」或「淮」，是兩邊突起
　　　　的骨；足跟（四七～3）。

2700　但以理書

2701　賚（ㄌㄞˋ）音如「賴」，賜予、賚賞（二～46標題）。

2702　眷（ㄐㄩㄢˋ）音如「倦」，關心照顧；愛慕；眷屬（九～
　　　　18）。

2800　何阿西書

2801　素（ㄙㄨˋ）音如「訴」，平素、平常；白色生絹；素性；
　　　　原素；素淨（二～13）。

2802　躓（ㄓˋ）音如「至」，遇困境傾倒（四～1標題）。

2803 2804　地業（ㄉㄧˋ ㄧㄝˋ）土地產業（五～7）。

2805　徇（ㄒㄩㄣˋ）同「徇」字，見1815（九～1標題）。

2900　約珥書

2901　2902　剪蟲（ㄐㄧㄢˇ　ㄗㄨㄥˊ）「剪」音如「儉」，一種
　　　　專吃農作物的害蟲（一～4）。

2903　蝻（ㄋㄢˇ）音如「南」，蝗蟲的幼蟲（一～4）。

2904　慟（ㄊㄨㄥˋ）音如「痛」，哀慟（二～6）。

3000　阿摩司書

3001　戥（ㄉㄥˇ）音如「等」，秤金銀珠寶的衡器（八～6）。

3100　俄巴底亞書

3200　約拿書

3201　3202　蓖麻（ㄅㄧˋ　ㄇㄚˊ）「蓖」字音如「幣」，草生植
　　　　物，種子可以炸油，工業用（四～7標題）。

3300　彌加書

3301　3302　綏安（ㄙㄨㄟ　ㄢ）「綏」音如「雖」，安撫、
綏靖（四～3標題）。

3303　祚（ㄗㄨㄛ）音如「坐」，國祚即國運（四～6標題）。

3400　那鴻書

3500　哈巴谷書

3600　西番雅書

3700　哈該書

3800　撒迦利亞書

3900　馬拉基書

4000　馬太福音

4001　4002　4003　4004　拉加、魔利（ㄋㄚ　ㄐㄧㄚ　ㄇㄛ　ㄌ
ㄧ）為希伯來文之譯音，「拉加」指空虛、愚蠢、廢物，
對人輕蔑的說法；「魔利」即傻瓜、定罪的說法，較前者

更爲嚴重（五～22）。

4005　儧（ㄗㄢ）音如「咎」，儧錢，儧聚財物（六～19）。

4006　僭（ㄐㄧㄢ）音如「見」，越權，過分；「僭妄」意即過分荒謬（九～3）。

4007　稗（ㄅㄞ）音如「拜」，粟類，葉似稻，米中雜物（十三～24標題）。

4008　薅（ㄏㄠ）音如「蒿」，拔除（十三～28）。

4009　芥（ㄐㄧㄝ）音如「介」，芥種甚小，猶太人常取作象徵做小事物的比喻；耶穌指人信心小者有如芥種；亦以芥種比喻天國；芥種雖小，但繁殖甚茂，高至丈餘（六三～31標題）。

4010 4011　丁稅（ㄉㄧㄥ ㄙㄨㄟ）當時猶太人每男一口，皆有納稅供給聖殿費用的義務，其數約爲四分之一銀兩（十七～25）。

4012　揪（ㄐㄧㄡ）音如「糾」，用手扭住（十八～28）。

4013　蠓（ㄇㄥ）音如「蒙」，蟲類、蚋屬、又稱蠓蟻。比蚊子小，頭上有絮毛，雨後成群飛出。此蟲若在飲食或水中，猶太人必將採其濾出，視此物爲可憎。耶穌責法利賽人，喻其祖宗慎重其小、輕忽其大（二三～24）。

4014 4015 4016　和散那（ㄏㄨㄛ ㄙㄢ ㄋㄚ）希伯來文之譯音，即「拯救」之意，可參閱聖經詩篇，二八篇25節（二一～9）。

4017 4018　巡撫（ㄒㄩㄥ ㄈㄨ）音如「旬府」官名。明初有

軍事發生，命京官巡撫地方，後即置爲定員。清時沿用，
爲外省行政長官，仍兼中央兵部侍郎或副都御史等銜（二
七～2）。

4019 4020　髑髏（ㄉㄨˊ ㄌㄡˊ）音如「毒婁」，指死人頭骨即
骷髏。耶穌被釘十字架之地後稱爲「髑髏地」（二七～33）。

4021 4022　人子（ㄖㄣˊ ㄗˇ）在舊約中「人子」即是「人」的
同義字。在新約中主耶穌基督是以「人子」自稱，表示自
己是上帝所差來的拯救者。乃強調他所處的卑微的地位，
以及對將來要顯明的榮耀（二五～31）。

4023 4024　上稅（ㄕㄤˋ ㄙㄨㄟˋ）「上」的意思很多，此處即
爲向上面繳稅之意（二二～19）。

4100　馬可福音

4200　路加福音

4201 4202　把柄（ㄅㄚˇ ㄅㄧㄥˇ）短處，易被人抓住的短處
（六～7）。

4203　塋（ㄧㄥˊ）音如「營」，墓地（八～27）。

4204　擘（ㄅㄛˋ）音如「播」，大姆指，如巨擘；分開；擘
劃（九～16）。

4205　窨（ㄧㄣˋ）音如「印」，地窨子（一一～33）。

4206　疛（ㄊㄨㄛˊ）同「駝」，俗稱傴僂，即背隆起如駝峯（一三～10標題）。

4207　嘗（ㄔㄤˊ）同「嚐」，用口試出食物滋味（一四～24）。

4208　忤（ㄨˇ）音如「午」，不順從，不孝順（二四～13）。

4300　約翰福音

4301　4302　4303　彌塞亞（ㄇㄧˊ ㄙㄞ ㄧㄚ）（Messiah）爲希伯來語的譯音，通常在舊約中意爲受膏者，如上帝所受膏之君王、先知、祭司等。亦爲上帝所封、聖靈所感之救世主，故新約認耶穌即基督，亦即舊約中先知所預言的彌塞亞（一～41）。

4400　使徒行傳

4401　硝（ㄒㄧㄠ）音如「消」，可製火藥及肥料；此處「硝皮匠」是指將牛（羊）皮製成可用的成品（九～43）。

4402　跺（ㄉㄨㄛˋ）音如「惰」，以腳頓地（十三～51）。

4403　4404　方伯（ㄈㄤ ㄅㄛˊ）我國殷商時代一方諸侯的首長，明清時布政使亦稱爲方伯（十八～12）。

4405　4406　佳澳（ㄐㄧㄚ ㄧㄠ）此處地名並非譯音，乃是譯

意，即最佳的港口之意。此地是草哩底島南界的港口，保羅曾在此乘船赴羅馬（二七～8）。

4500　羅馬人書

4600　哥林多前書

4601　罣（ㄍㄨㄚ）音如「掛」，牽罣；罣誤；罣礙（七～32）。

4700　哥林多後書

4700　昧（ㄇㄟ）音如「妹」，愚昧、昏昧、不明理（四～1）。

4800　加拉太書

4900　以弗所書

5000　腓立比書

5100　歐羅西書

5200　帖撒羅尼迦前書

5300　帖撒羅尼迦後書

5400　提摩太前書

5500　提摩太後書

5600　提多書

5700　腓利門書

5800　希伯來書

5900　雅各書

6000　彼得前書

6100　彼得後書

6200　約翰一書

6300　約翰二書

6400　約翰三書

6500　猶大書

6501　礁（ㄐㄧㄠ）音如「交」，水下面的岩石，如暗礁、珊瑚礁（一～12）。

6600　啓示錄

6601　戛（ㄐㄧㄚ）音如「家」，此處爲譯音，阿拉法、俄梅戛二字是希臘文字母的首字與末字，意爲從開始到終了。而「戛」字本義爲長矛或「擊」之意，固與經義無關（一～8）。

6700　附錄──幣制與度量衡

6701 6702 6703　度量衡（ㄉㄨˋ ㄋㄧㄢˊ ㄏㄥˊ）（Waights & Measures）。

6704　幣（ㄅㄧˋ）（Money）。

6705 6706　彌那（ㄇㄧˊ ㄋㄚˋ）（Mineh）。

6707 6708 6709　他連得（ㄊㄚ ㄋㄧˊ ㄉㄜˊ）（Talant）。

6710 6711 6712　舍客勒（ㄕㄜˋ ㄎㄜˋ ㄌㄜˋ）（Shekel）。

係計算金銀重量之名稱，其關係概如次述：

1他連得＝60彌那＝3600舍客勒（當時巴比倫制）

1他連得＝60彌那＝3000舍客勒（當時腓利基制）

照我國民國初年估計：1舍客勒＝20.5銀元

1彌那＝1025銀元

1他連得＝61500銀元

按目前價格1銀元約等於新

臺幣100元。

希伯來之衡數與英國之衡數比較如次表：

希伯來之衡數表	英　國　之　衡　數	
	廉地之物貴權	格
他連得	七五七、三八〇・〇	四九・〇七七
舍客勒	二五二・五	一六・三六
衡金銀貴重品之舍客勒	三、三六六・六	二一・八一
十塊銀	三三六・六	二一・八一
或十五塊之銀	二二四・四	一四・五四

注：1他連得＝60.6kg

1彌那＝1.1kg

1舍客勒＝0.07kg

6713　掌（ㄓㄤ）（Palm＝4 Fingers）。

6714　捻（ㄋㄧˇㄢ）（Spen）。

6715　肘（ㄓㄡˇ）（Cubit）。

6716　竿（ㄍㄢˇ）（reed）。

係計算長度之單位其關係如次表：

區　分	官　　　制		民　　　制	
	公　尺	英　寸	公　尺	英　寸
指闊之數	○‧○二二	○‧八六	○‧○一九	○‧七四
一掌即四指	○‧○八八	三‧四四	○‧○七五	二‧九五
一捺即三掌	○‧二六二	一○‧三三	○‧二二五	八‧八六
一肘即二捺	○‧五二五	二○‧六七	○‧四五○	一七‧七二
一竿即六肘	三‧一五○	一二四‧○二	二‧七○○	一○六‧三二

6716 6717 6718　賀梅耳（ㄏㄨㄛˋ ㄇㄟˊ ㄦˇ）（homer or
　　　　Omer）。

6719 6720　伊法（一 ㄈㄚˊ）（epah or bat）。

6721 6722　細阿（ㄒ一ˋ ㄚ）

6723　欣（ㄒ一ㄥ）(hin)。

6724 6725　羅革（ㄌㄨㄛˊ
　　　　　ㄍㄜˊ）（log）。

係計算容量之單位，其關
　　係如次表：

希伯來量之名	英國量具之名
一賀梅珥（柯珥）	一籮
一伊法一罷特	九加倫
一細阿	一斗零二分一
一欣	一加倫半
一羅革	一水磅

參考資料

1. 新舊約全書，聖經公會在香港印行。

2. 中英對照聖經（新約全書），國際基甸會中華總會。

3. 新約聖經（恢復本），李常受譯，臺灣福音書房。

4. 聖經辭典：''Chinese Hastings'' Dictionary of The Bible-Based on Dr.Hastings' One Vol. and Other Dictionaries' 歸主出版社。

5. 經文彙編，基督教文馨出版社。

6. 簡明聖經史地圖解，梁天樞，基督教橄欖文化事業基金會。

7. Word List（名詞淺註）。

8. 增修辭源，臺灣商務印書館。

9. 國語日報辭典，國語日報社。

10. 辭海，中華書局。

11. 新修康熙字典，啟業書局。

12. 標準國語四用辭典，新陸書局。

13. 遠東英漢大辭典（Far East English-Chinese Dictionary），梁實秋主編，遠東圖書公司。

14. 漢英大辭典（Chinese-English Dictionary），義士書局。

15. 時代英英—英漢雙解大辭典（Time English-English English-Chinese Dictionary），萬人出版社。

16. 新式英漢辭典（The Modern English-Chinese Dictionary），蔡英修，光田出版社。

17. 遠東英漢、漢英雙向辭典（Farest English-Chinese Chinese-English Dictionary），遠東圖書公司。

18. 說文解字注，殷玉裁，藝文書局。

19. 六書通，畢既明，北京中國書店。

20. 廣解四書（大學、中庸、論語、孟子），東華書局。

21. 孫子兵法淺釋，國防部。